Francesco Pittau
Bernadette Gervais

# ROT, GRÜN, BLAU

## Mein erstes Bildwörterbuch

cbj

# ROT

## red

## rouge

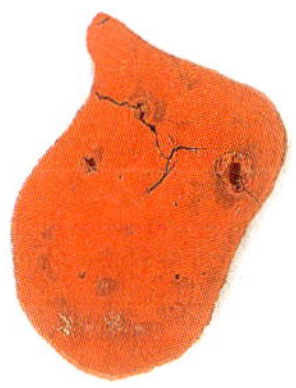

sneaker **der Turnschuh** la basket

strawberry **die Erdbeere** la fraise

cherries **die Kirschen** les cerises

ladybird **der Marienkäfer** la coccinelle

poppy **die Mohnblume** le coquelicot

bicycle **das Fahrrad** la bicyclette

radishes **die Radieschen** les radis

goldfish **der Goldfisch** le poisson rouge

tomato **die Tomate** la tomate

scarf **der Schal** l'écharpe

# BLAU

## blue
## bleu

beetle **der Käfer** le scarabée

glove **der Handschuh** le gant

dragonfly **die Libelle** la libellule

cup **die Tasse** la tasse

blueberries **die Heidelbeeren** les myrtilles

toothbrush **die Zahnbürste** la brosse à dents

cornflower **die Kornblume** le bleuet

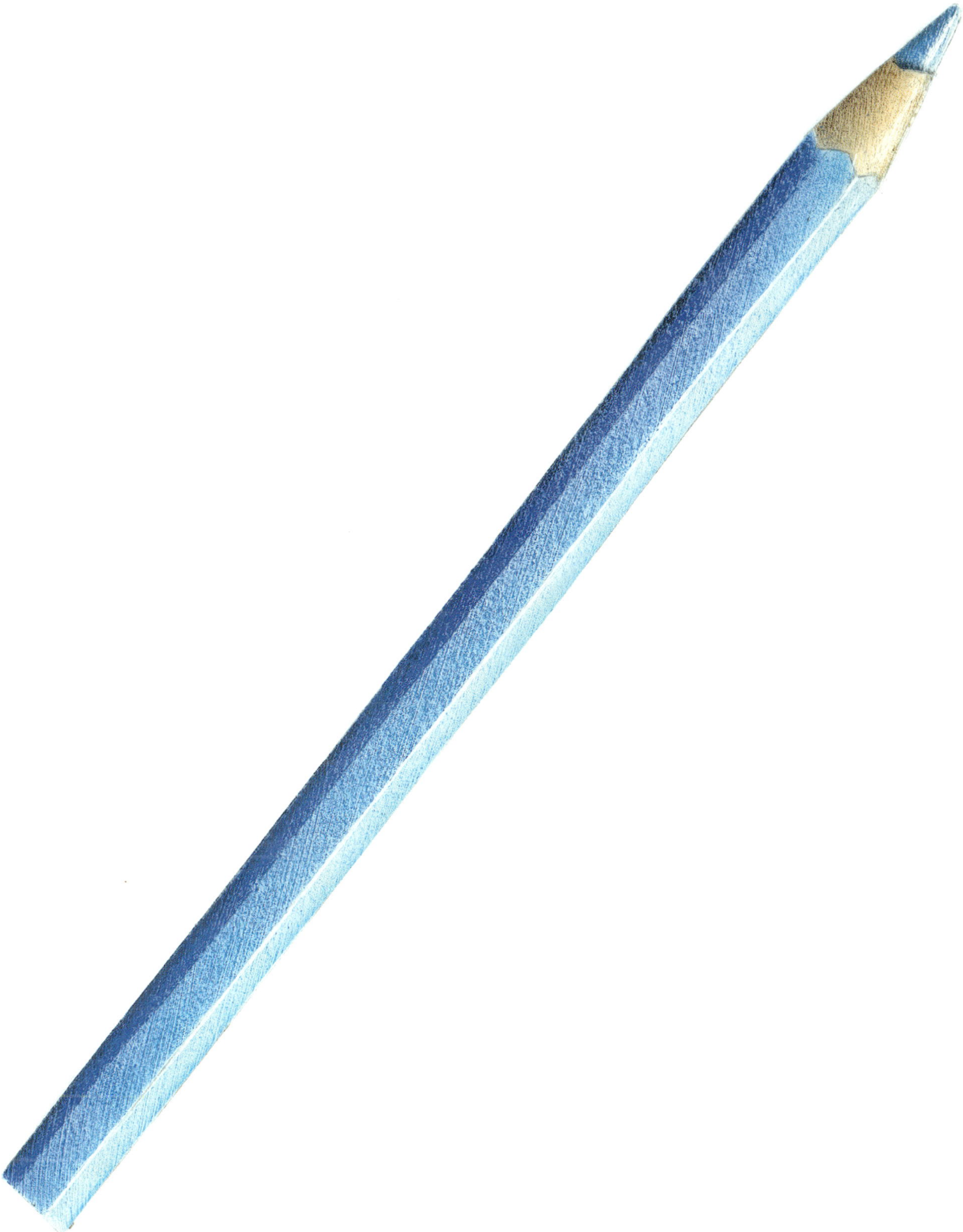

coloured pencil **der Buntstift** le crayon de couleur

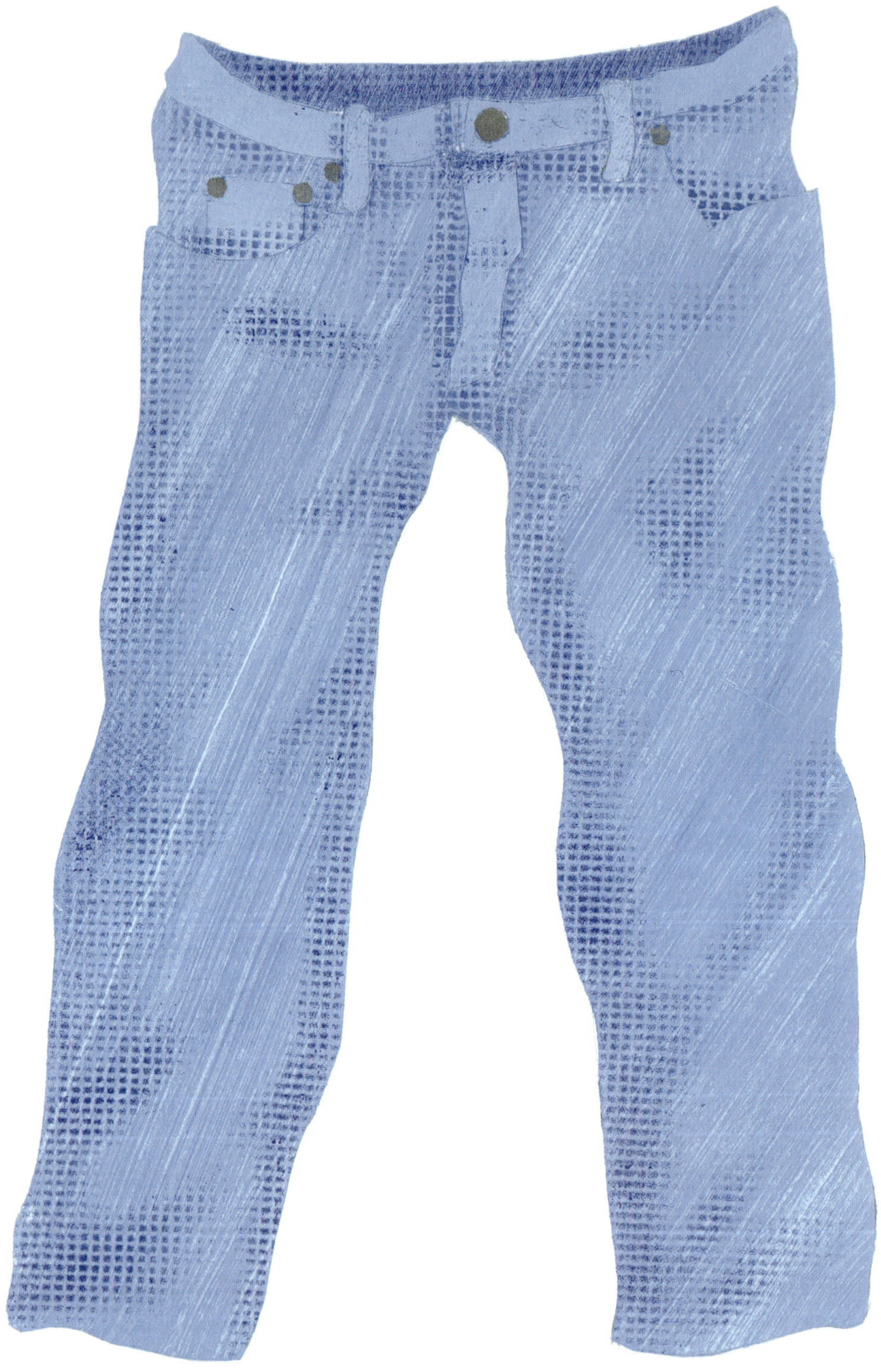

jeans **die Jeans** le jean

hummingbird **der Kolibri** l'oiseau-mouche

# GELB

yellow
jaune

boot **der Stiefel** la botte

fried egg **das Spiegelei** l'œuf sur le plat

corncob **der Maiskolben** l'épi de maïs

lemon die Zitrone le citron

dress **das Kleid** la robe

sunflower **die Sonnenblume** le tournesol

canary der Kanarienvogel le canari

clothes peg **die Wäscheklammer** la pince à linge

buttercup **die Butterblume** le bouton d'or

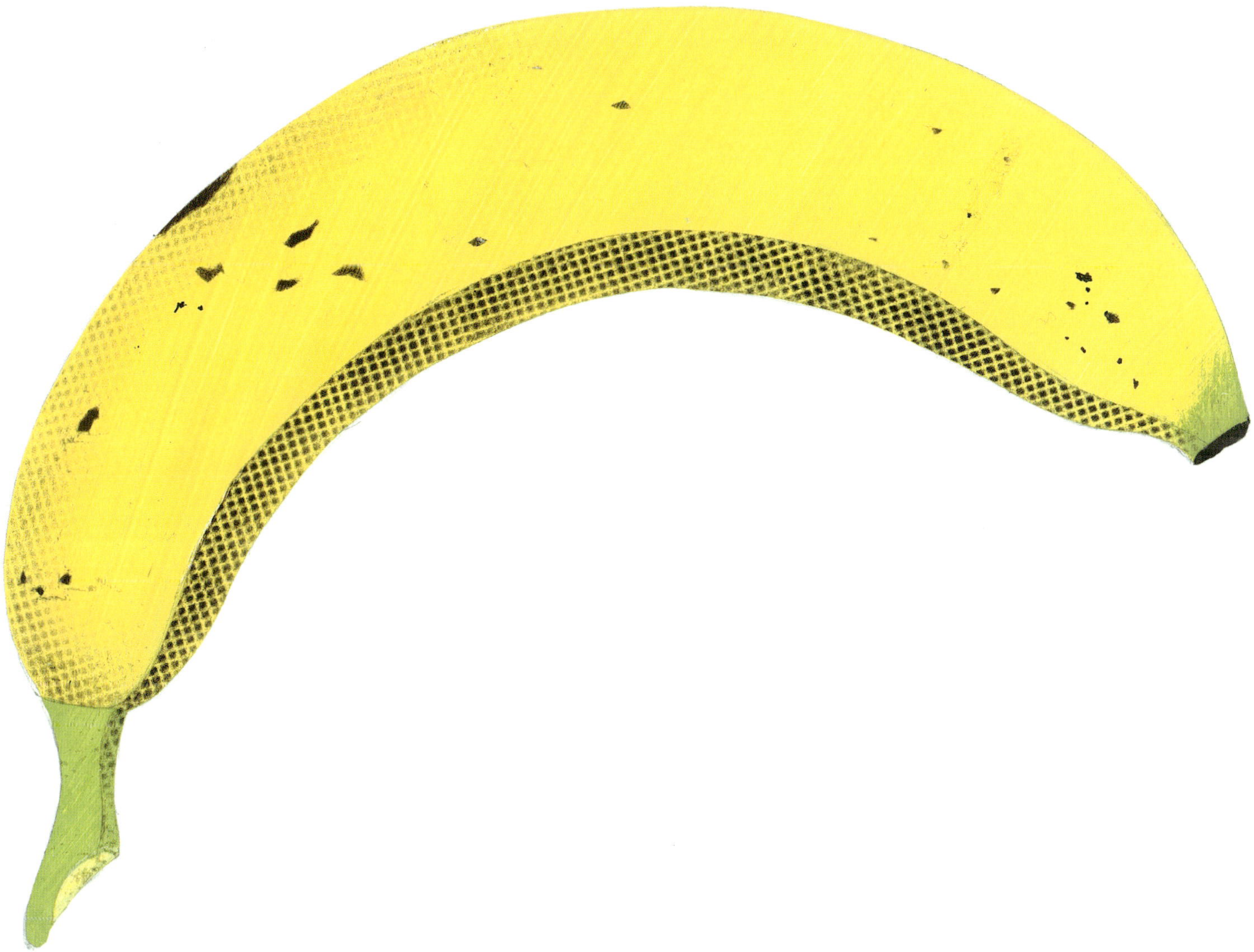

banana **die Banane** la banane

# GRÜN

## green

## vert

watering can **die Gießkanne** l'arrosoir

green peas **die grünen Erbsen** les petits pois

apple **der Apfel** la pomme

chair **der Stuhl** la chaise

leaf **das Blatt** la feuille

grasshopper **die Heuschrecke** la sauterelle

grass **das Gras** l'herbe

frog **der Frosch** la grenouille

bag **die Tasche** le sac

fir tree **die Tanne** le sapin

# ORANGE

orange

orange

apricot **die Aprikose** l’abricot

chicken **das Huhn** la poule

pumpkin **der Kürbis** la citrouille

slug **die Nacktschnecke** la limace

fire **das Feuer** le feu

orange **die Orange** l'orange

tangerine **die Mandarine** la mandarine

fox **der Fuchs** le renard

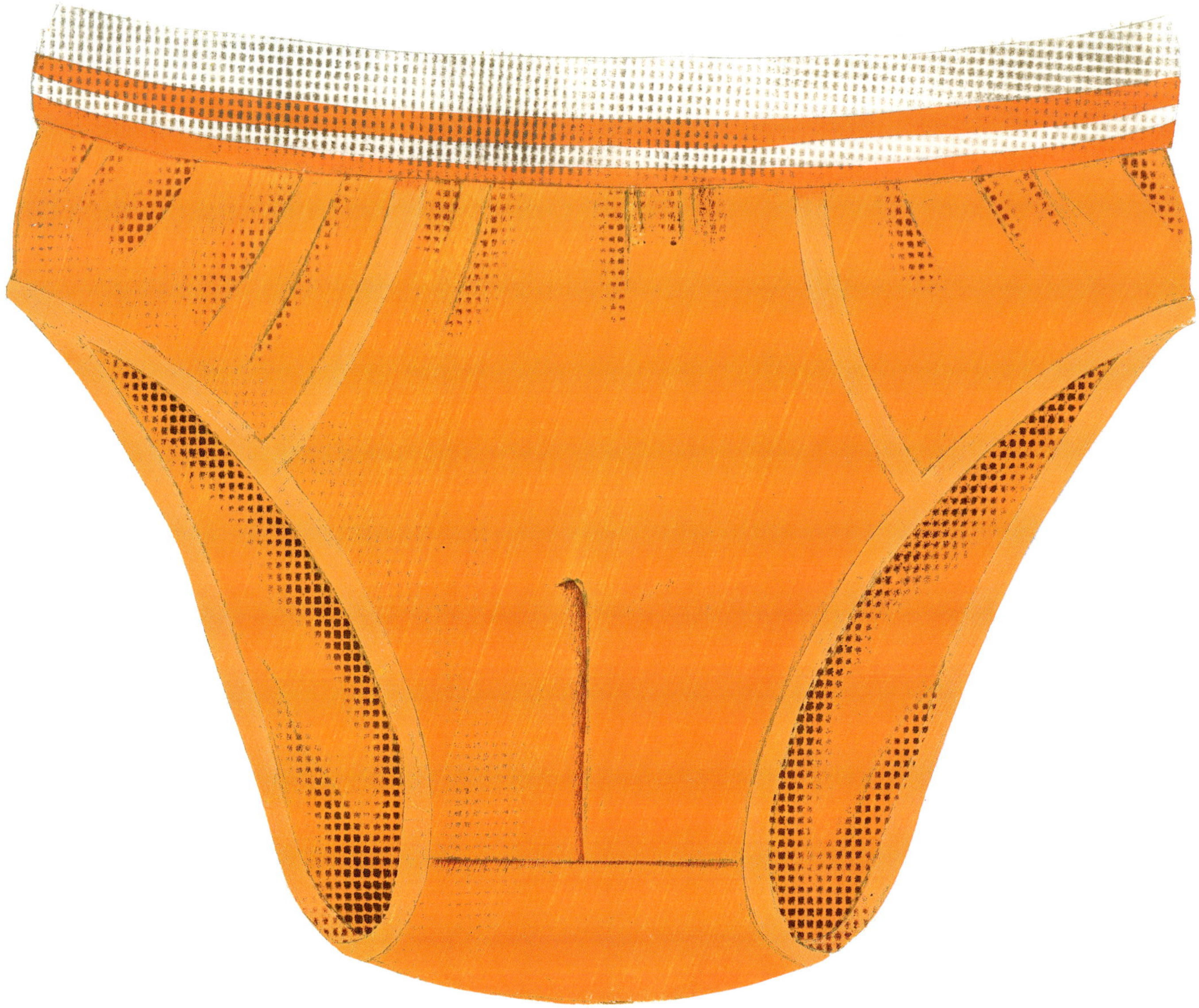

underpants **die Unterhose** le slip

squirrel **das Eichhörnchen** l'écureuil

# VIOLETT

violet
violet

aubergine **die Aubergine** l’aubergine

T-shirt **das T-Shirt** le tee-shirt

necklace **die Halskette** le collier

pansy **das Stiefmütterchen** la pensée

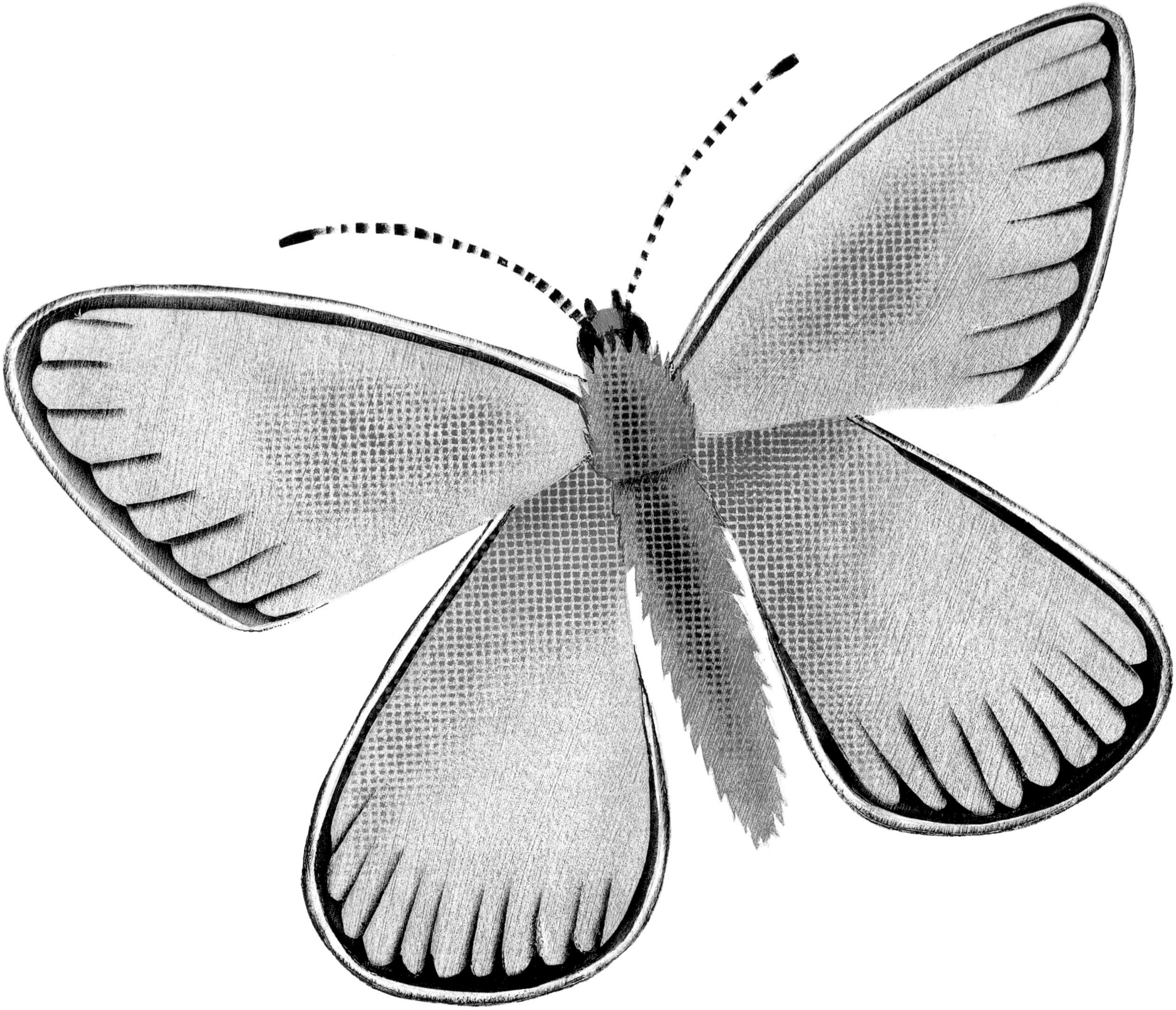

butterfly **der Schmetterling** le papillon

button **der Knopf** le bouton

grapes **die Trauben** les raisins

sock **die Socke** la chaussette

violet **das Veilchen** la violette

plum **die Pflaume** la prune

# ROSA

**pink**

**rose**

slipper **der Hausschuh** la pantoufle

rose **die Rose** la rose

shell **die Muschel** le coquillage

flamingo **der Flamingo** le flamant rose

ice cream **das Eis** la glace

pig **das Schwein** le cochon

sunglasses **die Sonnenbrille** les lunettes de soleil

sweets **die Bonbons** les bonbons

# BRAUN

**brown**

**marron**

beaver **der Biber** le castor

comb **der Kamm** le peigne

chocolate **die Schokolade** le chocolat

hat **die Mütze** le bonnet

belt **der Gürtel** la ceinture

hazelnut **die Haselnuss** la noisette

snail **die Schnecke** l’escargot

armchair **der Sessel** le fauteuil

chestnut **die Kastanie** le marron

horse **das Pferd** le cheval

white

blanc

# WEISS

snowball **der Schneeball** la boule de neige

cloud **die Wolke** le nuage

goose die Gans l'oie

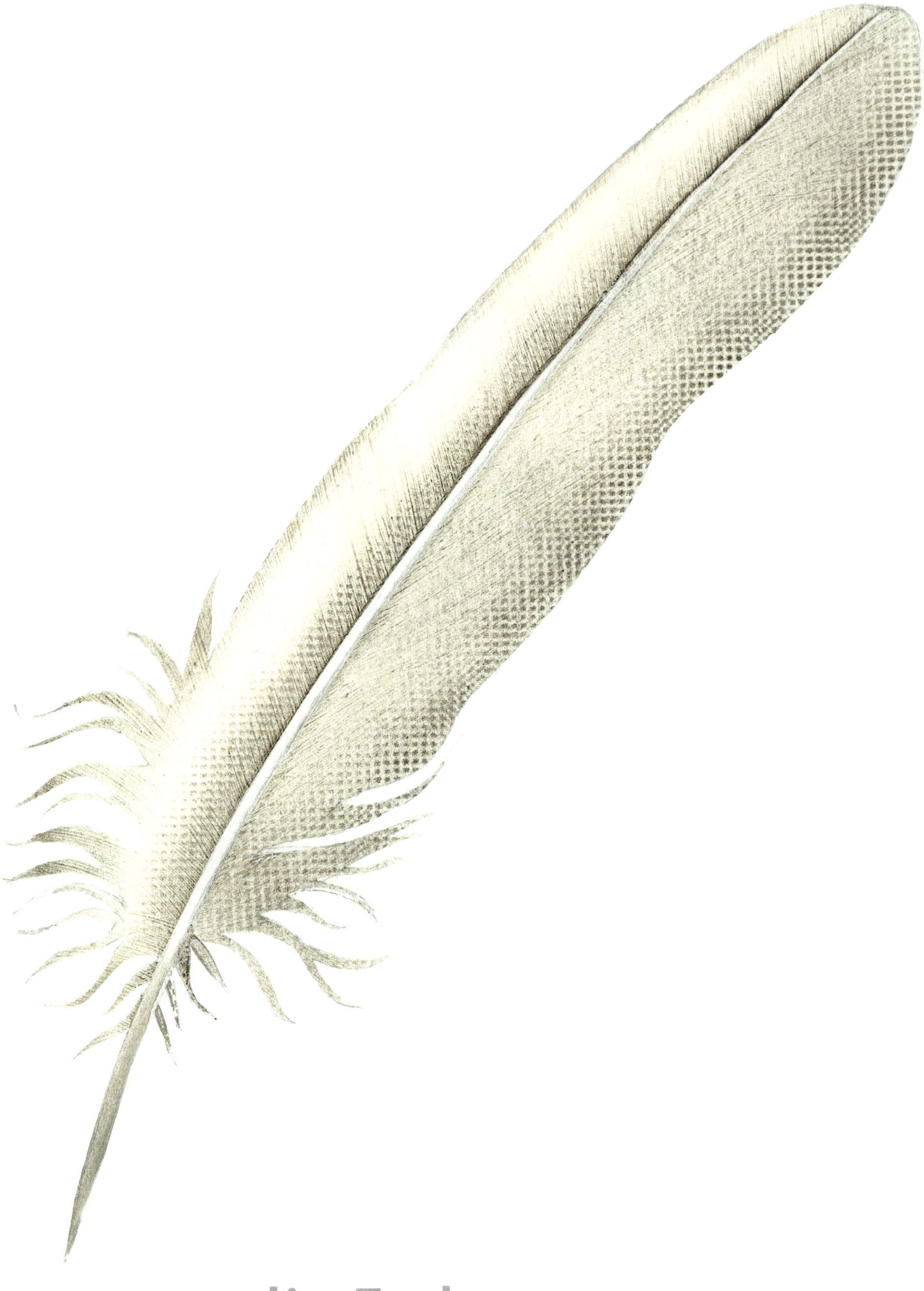

feather die Feder la plume

marguerite **die Margerite** la marguerite

mouse die Maus la souris

grains of rice **die Reiskörner** les grains de riz

polar bear der Eisbär l'ours polaire

# black
# noir
# SCHWARZ

car **das Auto** la voiture

blackberry **die Brombeere** la mûre

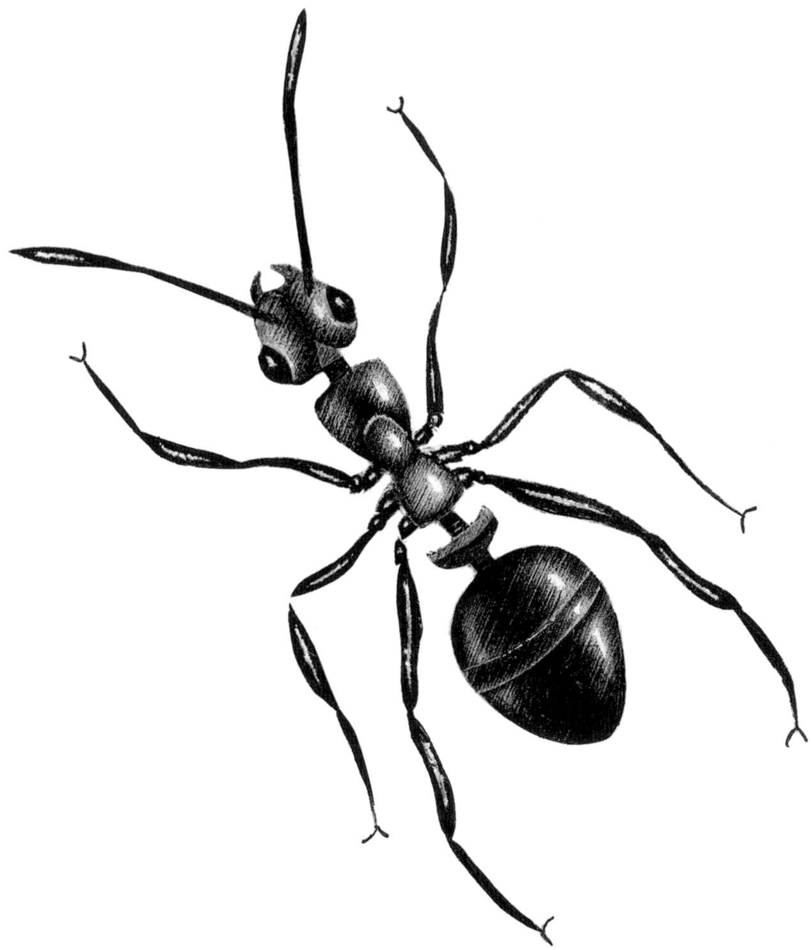

ant **die Ameise** la fourmi

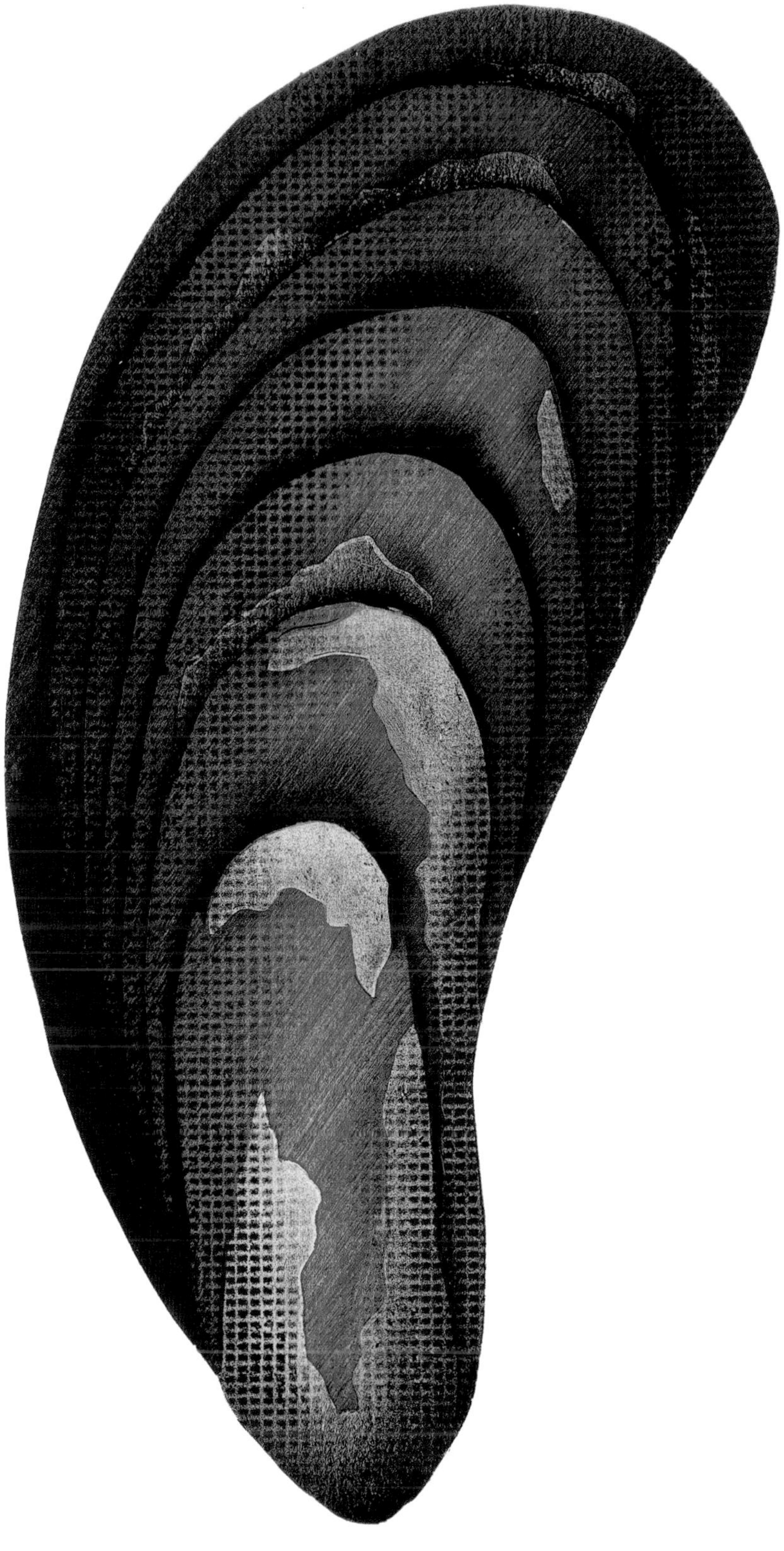

mussel **die Miesmuschel** la moule

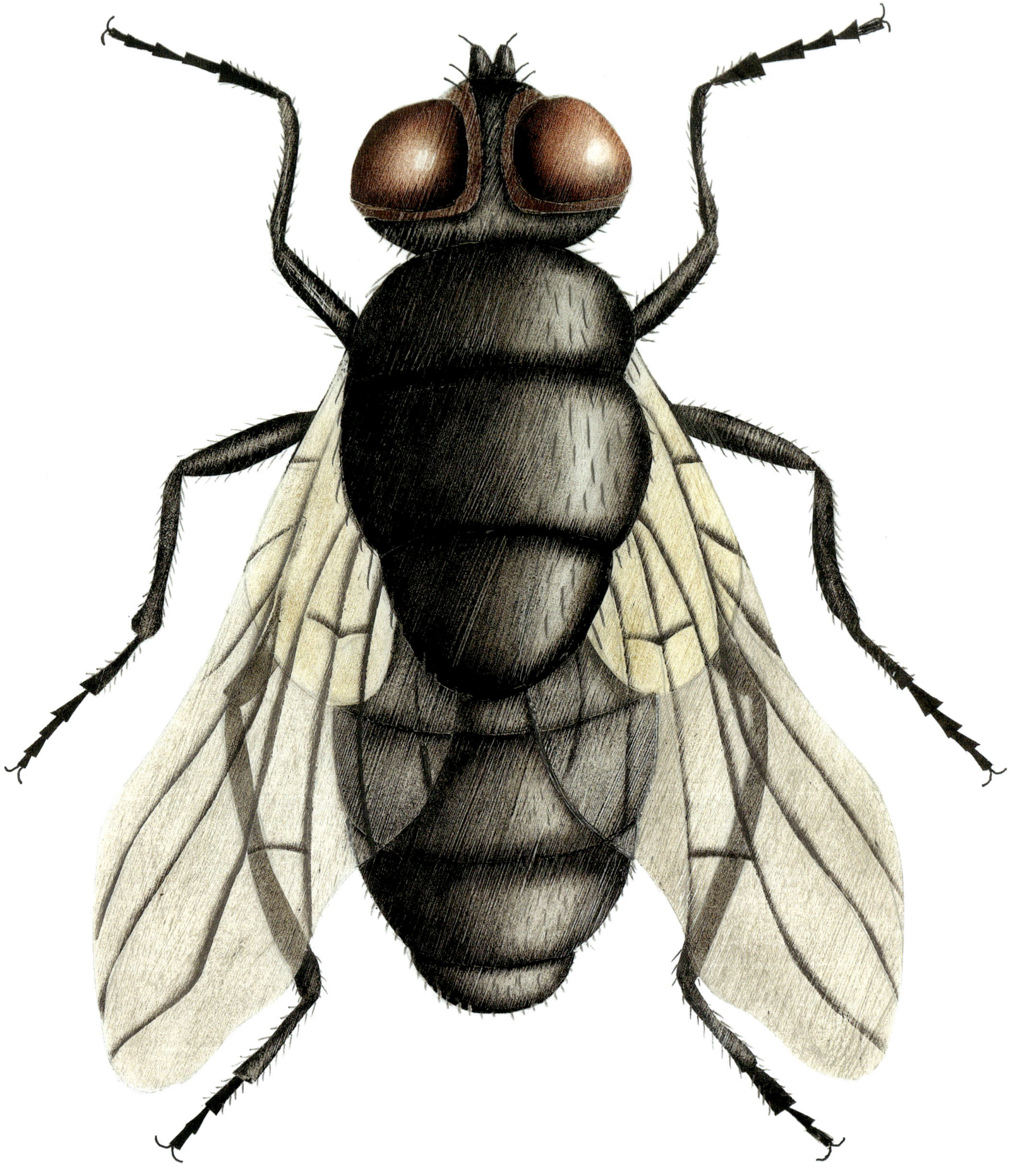

fly **die Fliege** la mouche

umbrella **der Regenschirm** le parapluie

olive **die Olive** l'olive

blackbird **die Amsel** le merle

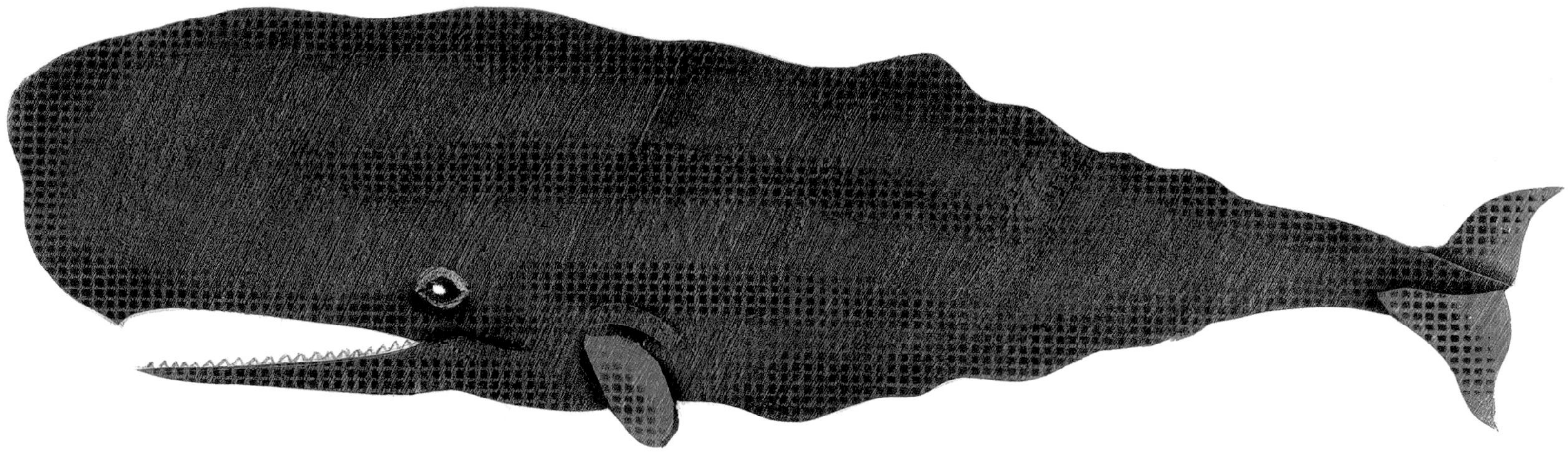

pot whale **der Pottwal** le cachalot